स्वर्ग बनाम पुनर्जन्म कार्टून आधारति संस्करण

धर्मा

Clink Street

London | New York

Published by Clink Street Publishing 2020

Copyright © 2020

First edition.

The author asserts the moral right under the Copyright, Designs and Patents Act 1988 to be identified as the author of this work.

All rights reserved. No part of this publication may be reproduced, stored in a retrieval system or transmitted, in any form or by any means without the prior consent of the author, nor be otherwise circulated in any form of binding or cover other than that with which it is published and without a similar condition being imposed on the subsequent purchaser.

ISBN:

978-1-913962-04-3 - paperback
978-1-913962-05-0 - ebook

प्राक्कथन

यह पुस्तक मेरी वशिद् पुस्तक Heaven VS Reincarnation का संक्षप्ति एवं कार्टून आधारति संस्करण है।

जैसा क किहा जाता है, एक शब्द एक हजार शब्दों के बराबर होता है; मैं आशा करता हूँ क कुिछ कार्टून का प्रयोग करके मैं अपने उद्देश्य में सफल हो पाऊँगा और मेरी बात आप तक पहुंचेगी।

ईश्वर और धर्म पर हमारे वचिार अतीत में अटके हुए हैं। हम पुरातन काल में लखिी गई बातों पर बनिा कोई तर्कपूर्ण वचिार कएि आज तक उन्हीं बातों की जुगाली करते चले आ रहे हैं। मात्र इसलएि क कोई पुस्तक 1000 अथवा 2000 वर्ष पूर्व लखिी गई है इसका यह मतलब नहीं हुआ क उिस समय के लोग इतने ज्ञानवान थे क उिन्होंने मात्र उसी एक पुस्तक में ब्रह्माण्ड का सारा ज्ञान समाहति कर दयिा है, जसिके अलावा और कुछ न सोचा जा सकता है न कयिा जा सकता है और न ही इसका यह मतलब है क ईिश्वर उस पुस्तक को लेकर स्वयं धरती पर उतरे थे।

प्राचीन काल के लोग बुरे नहीं थे। उन्होंने सामान्य रूप से वही लखिा जो उस समय के अनुरूप उन्हें सही लगा। उन्होंने ईश्वर के संबंध में अपने वचिार रखे जो क उिस समय के जीवन से अत्यधकि प्रभावति थे। क्रूर राजा, तानाशाह और शक्तशिाली लोगों ने राज कयिा जो अपने उपकारों के बदले में आज्ञाकारति और वफादारी चाहते थे और (प्रायः आज के प्रभावशाली धर्म- ईसाई और इस्लाम के लएि) यही ईश्वर होने की नशिानी थी।

अपने घुटनों पर बैठकर दया की भीख माँगना, राजा के प्रत वफािदारी की कसमें खाना और बदलें में राजा से उपकृत होना- उस समय का जीवन कुछ ऐसा ही और उस समय वही वचिार लखिे गए। दुःख की बात है क अधकांश जनसंख्या आज भी ऐसे वचिारों पर आँख मूँदकर वश्विास करती है जबक आज का जीवन व परस्थितियिाँ बलिकुल भन्नि हैं।

मैं आशा करता हूँ क इिस पुस्तक के माध्यम से यह वमिर्श बदलेगा; धर्म और आध्यात्मकिता पर नये वचिारों का अभ्युदय होगा।

आप HeavenVSReincarnation@yahoo.com इस ई-मेल पते पर अपने वचिारों से हमें अवगत करा सकते हैं। हमें आपके वचिार जानकर प्रसन्नता होगी।

अपनी इच्छाओं के प्रति सजग रहें, ये पूरी होंगी

सर्वप्रथम मैं यह स्पष्ट करना चाहता हूँ कि हिंदू धर्म के विचार मात्र हिंदुओं के लिए ही अभीष्ट नहीं थे। हिंदू धर्म का सही नाम है- 'सनातन धर्म' जिसे सामान्यतः 'शाश्वत सत्य' के रूप में भी अनूदित किया जाता है।

यह धर्म प्राचीन भारत के कुछ ज्ञानवान् ऋषियों के द्वारा अपने ज्ञान को आसपास के क्षेत्रों में प्रसारित करने के क्रम में प्रचलित हुआ। उनके कल्याणकारी विचार समस्त मानव जाति के लिए थे।

यह कार्टून हमें बताता है कि यदि हम चिंताओं और जिम्मेदारियों से पूर्णतः मुक्त, सरल और आलसी जीवन की ही कल्पना करें, जिसमें हमें कुछ भी न करना पड़े तो हमारी यह इच्छा निश्चित रूप से पूरी होगी। परंतु यह उस रूप में नहीं होगी जिस रूप में हम चाहते हैं।

हर किसी ने जानवरों और कीड़े-मकोड़ों के रूप में पुनरागमन की बात हिंदुओं से सुनी होगी। वास्तव में इस तथ्य को गलत रूप में समझा गया है। यह पूर्वजन्म में किए गए पापों के दंड के रूप में देखा जाता रहा है- जो कि गलत दृष्टिकोण है। व्यक्ति सामान्यतः वैसा ही जीवन प्राप्त करता है जिसकी वह कल्पना करता है, बस! "तत्वम् असि"।

जीवन के माध्यम से ईश्वर ने हमें सिखाया है सभी को जीवन में आनुपातिक रूप से बहुत कम समय के लिए आराम मिलता है। ठीक वैसे ही जैसे कोई नवजात पक्षी कुछ ही समय घोंसले के आरामदायक जीवन का आनंद ले पाता है। हम सबको बड़ा होना पड़ता है और स्वयं संसार का सामना करना पड़ता है। हमें अपने पैरों पर खड़ा होना पड़ता है और अपने बलबूते अपना जीवन निर्वाह करना पड़ता है। एक ऐसे निष्क्रिय जीवन की कामना करना जो कि निरंतर निर्भरता और सतत् बाल्यावस्था की व्यर्थ स्थिति में बीते, गलत है और ईश्वरीय नियमों के विपरीत है। लेकिन ऐसी इच्छाएँ पूरी होंगी। एक पेड़ अथवा एक पालतू पशु जैसे बिल्ली, कुत्ता, सुअर के रूप ऐसे लोगों की अच्छी देखभाल होगी जिसमें उन्हें वाकई कुछ नहीं करना पड़ेगा। उन्हें खाना-पाखाना और सोना, बस यही करना होगा। न कोई चिंता, न कोई फिक्र, न कोई जिम्मेदारी। देखिये! वह बिल्ली स्वर्ग में है।

"स्वर्ग बनाम पुनर्जन्म"
द्वारा धर्मा

कष्ट और समस्याओं को दूर करने के उपाय

कसिी भी समस्या को समाप्त करने का सबसे आसान उपाय है- 'उस समस्या से भाग जाना' (पलायन) और स्वर्ग का यही अभप्रिाय है। बस अपने जीवन की समस्याओं से भाग खड़े हो और छुप जाओ। अपने प्रयिजिन के बारे में कोई वचिार न करना जो अभी भी आपके साथ है या आपको लगता है क विह कसिी और का काम है? क्या आप कसिी बेसहारा को सहारा देने में सहायता करते हैं? नहीं! यह कसिी और की समस्या है? क्या आपने कभी कैंसर के इलाज की खोज की सोची? नहीं, क्योंक अिब यह आपकी समस्या नहीं रही। क्या आपका देश युद्धरत है? क्या आप अपने स्तर पर दुश्मन से लड़ रहे हैं? नहीं, क्योंक यिह आपका काम तो है नहीं।

स्वर्ग बुजदलि और कमजोर लोगों को आकर्षति करता है और धर्म ऊपर आकाश में कसिी जादुई जगह का वादा करके उनका शोषण करते हैं। उनके अनुसार स्वर्ग में जीवन बहुत ही आसान होगा। उनके लुभावने वादों में आकर हम उनके धर्म को अपना लेते हैं। यहाँ तक क हिमसे से अधकितम बुद्धमिान लोग भी इस पोंजी स्कीम के पीछे की सच्चाई नहीं समझ पाते।

कष्टों और समस्याओं को दूर करने का दूसरा सबसे त्वरति उपाय है- कभी कोई इच्छा या कामना ही न करना। इस प्रकार हम कभी वफिलता का दर्द अनुभव नहीं करेंगे। हम कभी कोई प्रयास नहीं करेंगे इसलए किभी कहीं असफल नहीं होंगे और हमें कभी कष्ट का अनुभव नहीं करना पड़ेगा। पुनः, इस तरह के वचिार कमजोर और वृद्ध हृदय वाले लोगों को ही आकर्षति करते हैं। इस तरह के वचिार मजबूत, युवा और स्वप्नद्रष्टा लोगों के लए नहीं हैं।

कष्ट और समस्याओं से नपिटने का सबसे बेहतरीन तरीका है- डटकर उनका मुक़ाबला करना। समस्याएँ सामना करने और लड़ने के लए हैं। हम जीवन में बार-बार वफिल हो सकते हैं कनि्तु जो मजबूत होते हैं, जो योद्धा होते हैं वे कभी हार नहीं मानते। ईश्वर को आपकी आवश्यकता यहाँ है। मजबूत और योद्धा ही यहाँ, इस धरती पर रहने के अधकिारी हैं।

"स्वर्ग बनाम पुनर्जन्म" द्वारा धर्मा

कष्ट और पीड़ा को समाप्त करने के 3 उपाय

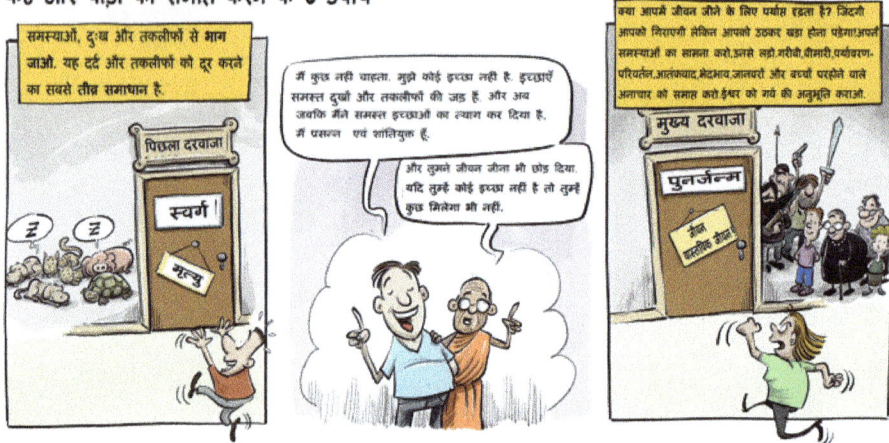

स्वर्ग में व्यक्ति क्या करता है?

घोर आश्चर्य की बात है कि यह प्रश्न आज तक कभी नहीं पूछा गया। कभी भी नहीं। मानव विकास के कालक्रम में यह किसी भी तथाकथित धर्म के ठेकेदारों से नहीं पूछा गया जहाँ गंभीरतापूर्वक मृत्यु के पश्चात् जीवन की बात की गई हो। यहाँ तक कि किसी एक व्यक्ति ने भी नहीं पूछा कि ठीक है- "हम स्वर्ग में पहुँच जाएँगे, वहाँ सब कुछ अद्भुत है, सब कुछ आलीशान है, सब कुछ आरामदायक है लेकिन हमें वहाँ दैनिक रूप से करना क्या होता है? क्या वहाँ हम लोगों के लिए कोई काम होता है?"

जिसने इस विशाल ब्रह्मांड को निर्मित किया है उसके पास हम क्षुद्र मानवों के लिए क्या काम है? जिसके एक बार इच्छा करने मात्र से ही लाखों-करोड़ों रोबोट जैसे स्वचालित मानव उसके लिए दिन-रात काम कर सकते हैं। हम लोगों का वहाँ क्या काम? क्या हम वहाँ सिर्फ बैठे रहेंगे या एक-दूसरे को घूरते हुए पड़े रहेंगे अथवा हम वहाँ अनंतकाल तक खर्राटे लेते रहेंगे? क्या यह उस ईश्वर की महान योजना है?

यदि आपको बताया जाय कि कुछ दिनों में आपको दूसरे देश जाना होगा तो एक वयस्क के रूप में आपकी पहली प्रतिक्रिया क्या यह नहीं होगी कि मैं वहाँ अपने आप को कैसे संभाल पाऊँगा? मेरे लिए वहाँ मेरी योग्यता के हिसाब से क्या काम उपलब्ध होगा? क्या कुछ इसी तरह के विचार आपके मन में नहीं चल रहे होंगे? निश्चित रूप से हाँ! और इसके बावजूद जब स्वर्ग की बात आती है तो ऐसा लगता है जैसे हर किसी को यही अपेक्षा है कि ईश्वर वहाँ उनके आराम की व्यवस्था करेगा। इसके बारे में विचार करें- यहाँ तक कि तुम्हारी अपनी माँ भी तुम्हें ज़्यादा समय तक यह नहीं करने देगी। तुम्हारे अपने माता-पिता तुमसे यही कहेंगे कि बाहर निकलो और कुछ कर्म करो। और इधर हमसे यह विश्वास करने की अपेक्षा जा रही है कि यह सब कुछ हमारे लिए बना-बनाया मिलने वाला है। उफ़! धर्म की यह कैसी मतिभ्रम कर देने वाली शक्ति है? ऐसा लगता है कि हममें से सर्वश्रेष्ठ लोग भी दुरुस्त नहीं हैं।

"स्वर्ग बनाम पुनर्जन्म" द्वारा धर्मा
पुस्तक विक्रेताओं से ऑनलाइन मँगवाएँ

एक प्रश्न जो स्वर्ग को अस्तित्वहीन कर देता है

आप रक्षक हैं या रक्षति

आप क्या हैं? क्या आप अपनी रक्षा के लिए बाट जोहने वाली उस सुंदर युवती की तरह हैं जसिकी रक्षा न की गई तो उसकी जंदिगी खतरे में पड़ जाएगी अथवा आप अस्त्र-शस्त्र से लैस घोड़े पर सवार उस सजीले नौजवान की तरह हैं जो सबकी रक्षा के लिए तैयार रहता है? आप भय के मारे बस्तिर में दुबके हुए बुजदलि हैं अथवा युद्ध के मैदान में लड़ने वाले बहादुर योद्धा हैं?

स्कूलों में घटति हो रही अनेकानेक गोलीबारयिों में नर्दिोष लोगों की जान जा रही है। वर्ष 2018 की 14 फरवरी को पार्कलैण्ड- फ्लोरडिा के एम0एस0 डगलस हाईस्कूल में बर्बरतापूर्ण गोलीबारी हुई जसिमें अनेक नर्दिोष लोग मार दिए गए। अधकिांश लोग उस समय जान बचाकर भाग नकिले लेकनि कुछ लोगों ने बच्चों की जान बचाने का खतरा उठाया। फुटबाल कोच ऐरोन फ़ीज़ ने उन बेगुनाह बच्चों की जंदिगी बचाने की जद्दोजहद में अपने प्राण गँवा दिए। एक छोटे से बच्चे, एंथनी बोर्गस ने अन्य छात्रों को छपिने में मदद की और 5 गोलयिाँ झेलीं।

जब जीवन खतरे में हो तो भागना गलत नहीं है लेकनि कसिी अन्य के लिए अपना जीवन खतरे में डालना कुछ वशिष्टि लोगों के ही बस की बात है। ईश्वर को गर्व की अनुभूति कराना कोई आसान काम तो नहीं है। मैं ज़ोर देकर कहता हूँ- यह आसान काम नहीं है। क्या आपने कसिी धार्मकि नेता को ऐसे शब्दों का प्रयोग करते सुना है? नहीं! वे तो आपको स्वर्ग पहुँचाने की जुगत में लगे हुए हैं।

जंदिगी हमें यह सखिाती है कि कोई भी अच्छी चीज हमें आसानी से नहीं मलिती। लेकनि स्वर्ग के लिए? उसके लिए बस इतना करना है कि आपको कसिी एक धर्म की सदस्यता लेनी है (ज्वाइन करना) है और कसिी ईश्वर- वशिेष की प्रार्थना करनी है। बस! आपको उसका पुरस्कार मलि जाएगा। यह तो ठीक वैसे ही हुआ जैसे एक तानाशाह अपने अनुयाययिों के लिए करता है। भला क्या ईश्वर इससे भी श्रेष्ठतर नहीं है?

कष्ट यहाँ हैं, परेशानयिाँ यहाँ हैं- इसीलिए यहाँ आपकी जरूरत है। जी हाँ ! ईश्वर को आपकी आवश्यकता यहाँ, इसी धरती पर है- स्वर्ग में नहीं।

"स्वर्ग बनाम पुनर्जन्म" द्वारा धर्मा

पुस्तक विक्रेताओ से ऑनलाइन मँगवाएँ

स्वर्ग

गर्भावस्था, बचपन, अतीत,
कायर, भगोड़ा, स्वार्थी,
सेवानिवृत, वृद्ध, कमजोर,
बेशर्म, लेने वाला,सुरक्षित,
पशु, माँगना, मुफ्त की खाना,
मूर्ख, नीच, मौज-मस्ती, कल्पना

पुनर्जन्म

प्रेरणा, युवा, जीना, मजबूत,
आत्म-सम्मान, प्रदाता, रक्षक,
मानवीय, कमाना, खिलाना,
बौद्धिक, उच्च,
कष्ट व परेशानियाँ, वास्तविक जीवन!

स्वर्ग गर्भावस्था, बचपन और भूतकाल का एक रूपक है जबकि पुनर्जन्म का अभिप्राय जीवन, वयस्कता और भविष्य से है

स्वर्ग-नर्क और पुनर्जन्म का कोई प्रमाण नहीं रहा और न ही है। तो यदि इस तरह के स्थान और घटनाएँ अस्तित्वहीन हैं तो क्या हमें इसका यह निष्कर्ष निकालना चाहिए कि ये सब और कुछ नहीं बल्कि मानवीय विचार हैं, कल्पनाएँ हैं। वस्तुतः स्वर्ग का आशय गर्भावस्था, बचपन और भूतकाल से है जबकि पुनर्जन्म का आशय जीवन, प्रौढ़ावस्था और भविष्य से है।

एक क्षण के लिए विचार कीजिए- आपको स्वर्ग के बारे में क्या बताया गया है? क्या यह आपकी बाल्यावस्था से नहीं मिलता-जुलता? खेलते-कूदते बीतने वाले वो बेपरवाही के दिन; यह जानते हुए कि सब हमें प्यार करते हैं, चिंताओं से मुक्त, सुरक्षित और सेवित जीवन। जो कोई तुम्हारी देखभाल के लिए है वह तुम्हें सुरक्षित रखेगा और तुम्हारी सहायता करेगा। स्वर्ग भूतकाल के उन्हीं बीते हुए दिनों में लौटने की उत्कंठा है।

बाल्यावस्था के साथ-साथ गर्भ में भी हम प्रसन्न और संतुष्ट थे। किन्तु अचानक हम उस स्वर्ग से इस उदासीन और कठिन संसार में निर्ममतापूर्वक फेंक दिए गए। हम प्रायः तुरंत ही रोना शुरू कर देते हैं क्योंकि हमने पहली बार कष्ट का सामना किया। और इस प्रकार जीवन का आरम्भ होता है। जीवन कष्टों और परेशानियों के साथ ही बना-बनाया होता है। कष्ट और परेशानियों के बिना जीवन की इच्छा करने का मतलब है- मृत्यु की इच्छा करना मतलब अजन्मा ही रहना।

नीचे के चित्र में हम एक युवक को प्रस्थान करते हुए देखते हैं। लेकिन ऐसा क्यों? क्यों नहीं यह अपने घर में ही पड़ा रहता? उसके माता-पिता उसे सुरक्षित रखेंगे और उसकी हर जरूरत पूरी करेंगे। लेकिन अपने पैरों पर खड़े होने का साहस किए बिना यह युवक अपना जीवन आरम्भ नहीं कर सकता। समस्त प्राणी इस नियम को जानते हैं और इसका पालन करते हैं। यह सोचना कि कोई फिर से गर्भावस्था को प्राप्त हो सकता है अथवा हमेशा के लिए बच्चा ही बना रह सकता है, घोर मूर्खता है। आप भूतकाल में नहीं जी सकते। आपको भविष्य की ओर बढ़ना ही होगा।

"स्वर्ग बनाम पुनर्जन्म"
द्वारा धर्मा

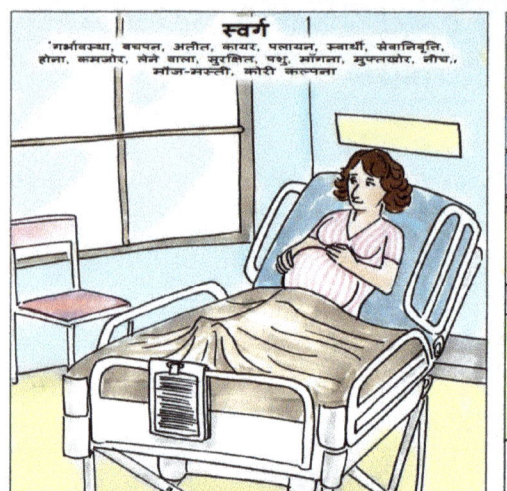

जब मृत्यु द्वार पर खड़ी हो तो आस्तकिता गायब हो जाती है

आप सबने वह कहावत तो सुनी ही होगी जसिमें नास्तकिों का यह कहते हुए मज़ाक उड़ाया जाता है कि मृत्यु के भय में वे उन्हीं देवी-देवताओं को पुकारने लगते हैं जनि पर वे वशि्वास नहीं करते थे। अच्छा! मजेदार बात यह है कि आस्तकि लोगों का हाल भी मृत्यु के समय कुछ ठीक नहीं होता। वे भी मृत्यु के समय बहुत प्रसन्न नहीं दखिाई पड़ते। क्या यह आश्चर्यजंक नहीं है? जीवन एक पाप है; ईश्वर प्रतीक्षा कर रहा है; मृत्यु उन्हें उस स्थान पर ले जाने के लिए आ चुकी है जहाँ अनंत आनंद और खुशयिाँ परव्यािप्त हैं जसिे स्वर्ग कहते हैं। वाह! अब न कोई चतिा न कोई परेशानी- बस आनंद ही आनंद।

यहाँ मृत्यु उन्हें ऐसे अद्भुत स्थान पर ले जाने के लिए आ रही है और आश्चर्य है कि आस्तकि लोग भी नहीं चाहते। क्या कहा? ईश्वर प्रतीक्षा कर रहा है, स्वर्ग प्रतीक्षा कर रहा है, उस अद्भुत संसार में सब कुछ उनकी प्रतीक्षा में है; उन्हें इस कष्टप्रद और भयानक जीवन से छुटकारा मलिने वाला है और वे जाना ही नहीं चाहते? वे रोते चल्लिाते और हर संभव प्रतकिार करते हुए स्वर्ग जाते हैं। इसका क्या मतलब है?

क्या आपने कभी कसिी को अपने शरीर में कैंसर की जानकारी होने पर पार्टी देते हुए सुना है? जब डॉक्टर उन्हें बताते हैं कि अब उनके जीवन के कुछ ही महीने बचे है। ऐसा क्यों है कि अचानक वे जीना चाहते हैं; अचानक उन्हें ज्ञान की प्राप्ती होने लगती है; अचानक उन्हें यह अहसास होने लगता है कि जीवन वस्तुतः एक उपहार है। जी हाँ! जीवन ईश्वर के द्वारा प्रदत्त एक उपहार है और इसे वह तब तक बरकरार रखेगा जब तक आप चाहेंगे। स्वर्ग की खोज में भागना मूर्खतापूर्ण है।

"स्वर्ग बनाम पुनर्जन्म" द्वारा धर्मा

पुस्तक विक्रेताओं से ऑनलाइन मँगवाएँ

स्वर्ग

गर्भावस्था, बचपन, अतीत, कायर, पलायन, स्वार्थी, सेवानिवृत्त, होना, कमजोर, बेशर्म

लेने वाला, रक्षित, पशु, माँगना, मुफ्त की खाना, मूर्ख, नीच, बेपरवाह, मौज-मस्ती, कल्पना !

पुनर्जन्म

जीवन, प्रौढ़ता, भविष्य, योद्धा, संघर्ष, परवाह, कर्म, जीना, मजबूत, आत्म-सम्मान ,

प्रदाता, रक्षक, मानवीय, कमाना, खिलाना, बौद्धिक, उच्च, देखभाल, कष्ट और परेशानी, वास्तविक जीवन।

मृत्यु के समय आस्तिकता समाप्त हो जाती है

मैं स्वर्ग पहुँचने के लिए बेकरार हूँ। यह कितना अद्भुत होगा? अंतहीन आनंद और प्रसन्नता ! मैं अपने प्रियजन को देखूँगा और अनंतकाल तक आसान और बढ़िया जीवन का आनंद लूँगा। विज्ञान और नास्तिक कहते है कि कोई भगवान या स्वर्ग नही है। उन्हे क्या पता है? वे किसी काम के नही हैं?
नही, नही, मैं नही जाना चाहता ! मुझे बचा लो डॉक्टर .. कृपा करके मेरी सहायता करो !
तुम्हारा मतलब तुम्हें तुम्हारे रक्षक से बचाएँ? स्वर्ग से बचाएँ? और तुम चाहते हो कि मैं तुम्हें बचाने के लिए विज्ञान का प्रयोग करूँ?

कायर अथवा योद्धा

यह दु:खद है क हिंसा और मृत्यु अमेरकिा में आम बात हो गई है। लास-वेगास में एक वक्षिप्त आदमी अपने होटल के कमरे में बैठकर कॉन्सर्ट देखते हुए अपनी बंदूक की नोक पर खलबली मचा देता है। उस दनि सैकड़ों नर्दिोष मारे गए। जब हम इस तरह की घटनाओं के बारे में सुनते हैं तो हम जीवन से उकताने लगते हैं। हम समझते हैं क जीवन कोई पकिनकि नहीं है और हम सुंदर व शांतपूर्ण जीवन की इच्छा करते हैं। धर्म इसका फायदा उठाते हैं और कहीं अन्यत्र एक आसान जीवन का वादा करते हैं। लेकनि इसके लिए सबसे पहले हमें उनके धर्म से जुड़ना पड़ता है। अब दु:ख की बात यह है क हिमसे से योग्यतम लोग भी इस पोंजी स्कीम को समझ पाने में असमर्थ होते हैं। जैसे बर्नी मर्डोफ वही तरकीब प्रयोग करते हैं जो ये धर्म करते हैं और वे इसमें काफी सफल रहे हैं।

लेकनि जीवन में कुछ भी मुफ्त में नहीं मलिता। इसमें मुफ्त के माल जैसी कोई व्यवस्था नहीं है और यह हमें ईश्वर ने हमें जीवन के माध्यम से सखािया है। जीवन की शक्षिाएँ ही भगवान की शक्षिाएँ हैं। जो जीवन से भागते हैं वे अंतत: जीवन के नम्नितर प्रारूपों को प्राप्त करते हैं। उनकी इच्छा पूरी होती है- उन्हें वही मलिता है जो वे हैं (तत्त्वम् अस)ि अथवा जो वे होना चाहते हैं। नश्चिति रूप से हमारे पालतू जानवरों यथा कुत्ता, बल्लिी, कछुआ और यहाँ तक क सूअरों के लिए भी जीवन मनुष्यों से आसान है।

पुनर्जन्म सबके लिए नहीं है। यह हममें से उन लोगों के लिए है जो योद्धा हैं। जो यह जानते हैं क जीवन में अच्छी चीजें अपने कर्मों से कमाई जाती हैं। कसिी से भीख माँगकर या खैरात में प्राप्त नहीं होतीं। जो जानते हैं क जीवन में जो भी परस्थिति आिए हम उसका सामना करेंगे और आगे बढ़ते रहेंगे। भागना जीवन की समस्याओं का हल नहीं है। यह कायरों के लिए है और कायर दूसरों की चंता नहीं करते। उनके सारे आचार-वचािर सर्फि अपनी भलाई के लिए होते हैं।

"स्वर्ग बनाम पुनर्जन्म" द्वारा धर्मा

पुस्तक विक्रेताओं से ऑनलाइन मँगवाएँ

स्वर्ग
गर्भावस्था, बचपन, अतीत,
कायर, भगोड़ा, स्वार्थी,
सेवानिवृत्त, वृद्ध, कमजोर,
बेशर्म, लेने वाला, सुरक्षित,
पशु, माँगना, मुफ्त की खाना,
मूर्ख, नीच, मौज-मस्ती, कल्पना

पुनर्जन्म
प्रेरणा, युवा, जीना, मजबूत,
आत्म-सम्मान, प्रदाता, रक्षक,
मानवीय, कमाना, खिलाना,
बौद्धिक, उच्च,
कष्ट व परेशानियाँ, वास्तविक जीवन!

धार्मिक मत-परिवर्तन

वास्तव में इसे झाँसा देना कहा जाय तो गलत न होगा। जब लोग धर्म के नाम पर हत्याएँ कर रहे हों तो हमें इसका यही निष्कर्ष निकालना पड़ेगा कि कुछ विशेष प्रकार की धार्मिक शिक्षाओं और उसको मानने वालों में कुछ न कुछ गड़बड़ ज़रूर है। जैसा कि कार्टून मे दिखाया गया है, हम जो भी नैतिकता और मानवीय सिद्धान्त बच्चों को सिखाते हैं, ये धर्म उसके बिलकुल विरोधाभासी हैं। हम बच्चों को सिखाते हैं कि मुफ्त की रोटी नहीं मिलती, बिना कठिन परिश्रम के जीवन में कुछ भी अच्छा नहीं मिलता। यदि कोई चीज हमें बिना मेहनत और बिना किसी प्रयास के मिल रही है तो वह बेकार है। हम उन्हें सिखाते हैं कि जो अपनी मेहनत से न कमाया गया हो उसे कभी नहीं लेना चाहिए। अगर अध्यापक ने त्रुटिवश आपके बच्चे को अधिक अंक अथवा ग्रेड दे दिए हों और बच्चे ने ईमानदारी दिखाते हुए यह बात अध्यापक को बता दी तो क्या आपको इस पर गर्व नहीं होगा? क्या आप कल्पना कर सकते हैं कि कोई अध्यापक 'D' ग्रेड को 'A' ग्रेड में परिवर्तित कर दे क्योंकि छात्र इसके लिए रोया-चिल्लाया और गिड़गिड़ाया था?

फिर भी, ऐसा प्रतीत होता है कि जब धार्मिक वायदों की बात आती है तो सारी नैतिकता और सिद्धान्त ताक पर रख उठते हैं। जब आपको मुफ्त की रोटी मिलती है तो यह बिलकुल ठीक लगता है। तब कर्मों की कोई महत्ता नहीं रह जाती। किसी का मूल्य उसके किसी धर्म विशेष से जुड़े होने के आधार पर आँका जा रहा है। किसी नौकरी अथवा प्रमोशन के लिए आपको आपके धर्म के आधार पर नकार दिया जाता है; क्या यह पूर्णरूपेण गलत नहीं है? क्या भगवान को प्रतिदिन यही करना है? क्या उसका सिर्फ यही एक नियम रह गया है कि लोगों को धर्म के आधार पर बाँट दो? वह सब कुछ जो आप जीवन में करते हैं उसका कोई मतलब नहीं है? नैतिकता का कोई काम नहीं? सिद्धांतों से कोई सरोकार नहीं? वैयक्तिकता का कोई महत्व नहीं? अनाचारी, निर्दोष लोगों को मारने वाले हत्यारे, बलात्कारी जिन्होंने आपके धर्म को 'जॉइन' कर लिया वे जन्नत में जाएँगे और संसार भरके गाँधी, बुद्ध आइंस्टीन बेचारे नरक में जाएँगे क्योंकि ये आपके धर्म से नहीं जुड़े? क्या मज़ाक है ! क्या आपने इस तरह के मीठे-मीठे वादे करके लोगों को एक खूबसूरत ज़िंदगी का लालच देकर अपनी आत्माएँ बेचने पर मजबूर नहीं किया? धर्म के नाम पर बुद्धिभ्रष्ट करने की पराकाष्ठा है यह !

"स्वर्ग बनाम पुनर्जन्म" द्वारा धर्मा

अल्पसंख्यक और बहुसंख्यक का वभिाजन

यह मानव स्वभाव का एक वचित्रि पहलू है कि हम जसिके पक्ष में होते हैं उसके अनुरूप अपने वचिारों को बहुत जल्दी बदल लेते हैं। जब हमारी संख्या कम होती है अर्थात् जब हम अल्पसंख्यक होते हैं तो हम बहुत ज्ञानवान् दखिते हैं। तब हम कुछ इस प्रकार के शब्दों का प्रयोग करते हैं- "हम सभी इंसान हैं, हम सभी एक जैसे हैं, हम सभी के खून का रंग लाल है। और लोगों की तरह हमारे भी अपने प्रयिजन-परजिन हैं, हम सभी की इच्छाएँ-आकांक्षाएँ हैं; सपने हैं। तब हम यह भी कहते हैं कि यदि कोई धार्मकि अल्पसंख्यक समुदाय अगर भेदभाव का सामना कर रहा है तो हमें धर्म नहीं देखना चाहएि; हमें लोगों को देखना चाहएि वगैरह-वगैरह। नश्चिति रूप से ये सब बहुत बेहतरीन बातें हैं।

लेकनि जैसे ही हमारा संख्याबल बढ़ता है अर्थात् हम बहुसंख्यक हो जाते हैं वैसे ही न जाने क्या चमत्कार हो जाता है। तब अचानक ऐसा लगता है कि वो सारी बेहतरीन बातें और सद्धिान्त ताक पर रख उठते हैं। मेरे अफ्रीकी-अमेरकिी 'मत्रि' ने मुझसे कहा कि मैं नर्क में जाऊँगा। जी हाँ ! वही आदमी जो चमड़ी के रंग पर आधारति भेदभाव की बात सुनकर आग-बबूला हो जाएगा, वह मुझ पर नाराज होकर कहता है तुम्हें अलग रखा जाएगा; तुम नर्क में जाओगे और वहाँ तुम्हें यातनाएँ दी जाएँगी। और सरि्फ इसलएि कि मेरी धार्मकि मान्यताएँ उससे मेल नहीं खातीं। अर्थात् मेरे साथ धार्मकि वश्विासों के आधार पर भेदभाव हो तो इसमें उसे कोई दक्किकत नहीं है।

क्या गजब का परवि्रतन है! उसके इस बदले हुए व्यवहार का क्या कारण है? वह पहले अफ्रीकी-अमेरकिी के रूप में एक अल्पसंख्यक था जो श्वेत लोगों के समाज में रहता था। अब क्रश्चियिन होने के बाद उसकी वचिारधारा अचानक बदल गई।

कार्टून का ऊपरी हस्सिा यह बतलाता है कि कैसे कुछ साल पहले आस्कर-अवार्ड शो में प्रस्तुतकर्ता के वचिार अचानक बदल गए जब वह एक अन्य समुदाय पर टप्पिणी कर रहा था।

"स्वर्ग बनाम पुनर्जन्म"
द्वारा - धर्मा

यह न पूछो कि भगवान तुम्हारे लिए क्या करेगा यह सोचो कि तुम भगवान के लिए क्या कर सकते हो

अच्छा ! मैने इस वाक्य में किंचित वाक् स्वच्छंदता का उपयोग किया है लेकिन आपको इसका भाव समझ में आ रहा होगा। बहुत सारे लोग इसमें उलझे हुए हैं कि भगवान उनके लिए क्या कर सकता है। वे जीवन की कठिनाइयों से छुटकारा पाना चाहते हैं। जीवन कठिन है जबकि वे एक आसान और अकर्मण्य जीवन जीने की इच्छा रखते हैं, और विभिन्न धार्मिक संप्रदाय इसी बात को लेकर उनका शोषण करने के लिए हमेशा पलक-पाँवड़े बिछाए हुए हैं। भगवान ने सिर्फ एक संसार बनाया; वही जहाँ हम हैं। यह तो विभिन्न धर्म-संप्रदाय हैं जो इस कल्पना को प्रतिस्थापित करते है कि ऊपर आकाश में कोई चमत्कारी जगह है जहाँ जीवन आसान है।

कायर जीवन से भागते हैं, बहादुर इसे सहर्ष स्वीकार करते हैं। जब कायर अपने शत्रु की तरफ देखता है तो उस समय उनके मन सिर्फ यह विचार आता है कि वह अपने आप को कैसे बचाए। मुझे कहीं चोट न लग जाय, मैं कहीं घायल न हो जाऊँ, कहीं मैं मार न दिया जाऊँ; उसके सारे विचार-व्यवहार सिर्फ अपने बारे में होते हैं जबकि एक योद्धा जब शत्रु की तरफ देखता है तो वह सोचता है कि उसके बिना उसका परिवार खतरे में पड़ सकता है, उसकी पत्नी के साथ अनाचार हो सकता है अथवा उसकी हत्या हो सकती है, उसके माता-पिता, बच्चे या उसके परजिन मारे जा सकते हैं। वह इन बातों को ध्यान में रखते हुए डटकर शत्रु का मुक़ाबला करता है।

स्वर्ग कायरों के लिए बनाया गया है और बहादुरों के लिए पुनर्जन्म है।

"स्वर्ग बनाम पुनर्जन्म" द्वारा धर्मा
पुस्तक विक्रेताओं से ऑनलाइन मँगवाएँ

सुंदर और आसान जीवन का लालच

जैसा कि मैंने पहले कहा है- जब स्वर्ग की वकालत करने वाले लोगों से यह पूछो कि वे स्वर्ग में जाकर काम क्या करेंगे तो वे निरुत्तर हो जाते हैं। भगवान को स्वर्ग में उनकी जरूरत क्यों है? ऐसे कौन से काम हैं जिसके लिए उसे वहाँ मनुष्यों की आवश्यकता पड़ेगी? इसके लिए वह क्या भुगतान करेगा? क्या वहाँ रहना ही पर्याप्त है? या स्वर्ग किसी कम्युनिस्ट देश की तरह है जहाँ सबको एक घर, एक नौकरी की व्यवस्था है, जहाँ सब एक जैसे हैं और एक ही जैसे भुगतान करने वाले हैं !

ऐसे ही धर्म मनुष्य के लालच और जीवन के प्रति उनकी निराशा का फायदा उठा रहे हैं। जब आसान और सुखकर जीवन की बात आती है तो क्या आप जानते हैं स्वर्ग और वास्तविक जीवन में क्या अंतर है? वास्तविक जीवन में कोई आपको वो लाखों-करोड़ों मुफ्त में नहीं देने वाला जिससे आप एक आसान और सुखकर जीवन जी सकें लेकिन ये धर्म ऐसे वायदे करने में बहुत तेज हैं। वे कहते हैं कि 'हमारा भगवान' तुम्हें वहाँ (स्वर्ग में) सब कुछ देगा, जो भी तुम चाहते हो।

वास्तविक जीवन में हमें अच्छी चीजें कमानी पड़ती हैं। चाहे पढ़ाई में अच्छे ग्रेड हों, एक अच्छी नौकरी हो, ओलंपिक में गोल्ड मेडल हो, एक फिल्म स्टार हो अथवा अगला आइंस्टीन-मोजार्ट बनना हो; कुछ भी खैरात में नहीं मिलता, कमाना पड़ता है। यही हम अपने बच्चों को सिखाते हैं लेकिन जब बात स्वर्ग की आती है तो ऐसा लगता है कि हम पर लालच हावी हो जाता है। वह सारे पाठ (अनुभव) जो भगवान ने हमें जीवन के माध्यम से सिखाये, सब गायब हो जाते हैं। हम धर्म गुरुओं के द्वारा किए जाने वाले लुभावने वादों के चक्कर में फँस जाते हैं और वे पीठ-पीछे हम पर हँसते हैं। हम वाकई मूर्ख हैं।

सिर्फ इसलिए स्कूल छोड़ देना क्योंकि आपको पढ़ना नहीं पसंद है, आपके जीवन को बेहतर नहीं बना देगा। सिर्फ इसलिए नौकरी छोड़ देना क्योंकि आपको नौकरी नहीं पसंद, आपका जीवन बेहतर नहीं हो जाएगा। आप वह सारे स्वप्न देखने के लिए स्वतंत्र हैं जो आप चाहते हैं। आप जीवन को जितना चाहें घृणा भी कर सकते हैं। किन्तु इतना समझ लीजिए कि मृत्यु ऐसे किसी भी जादुई महल का द्वार नहीं है जहाँ आपकी इच्छाओं की पूर्ति का सामान भरपूर मात्रा में उपलब्ध हो।

"स्वर्ग बनाम पुनर्जन्म"
द्वारा - धर्मा

केवल पुनर्जन्म ही न्यायसंगत हो सकता है

आप कोई समाचारपत्र खोलिए अथवा टी0वी0 पर कोई न्यूज चैनल चला लीजिए हर दनि अनेक मनुष्यों के असमय काल के गाल में समा जाने की खबरें मलिती हैं। कुछ लोग प्राकृतकि आपदाओं में, कुछ दुर्घटनाओं में तो कुछ अन्य सामाजकि बुराइयों के कारण अपना जीवन असमय गँवा देते हैं।

हमें पूछना होगा कि ऐसे लोगों के लिए न्याय कहाँ है? कुछ लोग इस संसार में बहुत कम समय के लिए रह पाते हैं और शशिु के रूप में ही मृत्यु को प्राप्त हो जाते हैं। वहीं बाकी लोग जीवन को भरपूर जीते हैं। बचपन में खेलते-कूदते और आनंद करते हैं, माता-पिता से स्नेह पाते हैं, अच्छे से देखभाल होती है। फरि स्कूल जाना, नाचना-गाना, पहला आकर्षण, मॉल में घूमना, फल्मिें देखने जाना फरि कॉलेज, कैरयिर, प्रेम, ववािह, बच्चे और फरि वृद्धावस्था- बच्चों को अपने सामने बड़े होते देखना, उनकी खुशयिों में सहभागी होना, उनका शादी-ववािह, नाती-पोते और अंततः एक बेहतरीन सेवानवि्तति का जीवन।

फरि भी हममें से कुछ लोग वह आनंद नहीं प्राप्त करते जो बाकयिों को मलिता है। तो क्या स्वर्ग उन्हीं वंचतिों के लिए है? नशि्चति रूप से नहीं! अगर हर कोई एक ही जगह पर पहुँचता है तो हम लोगों के पास अपनी यादें होंगी, जीवन के पुराने अनुभव होंगे परंतु वे कुछ लोग जनिकी जीवन यात्रा शुरू होते ही खत्म हो गयी थी, जनि्हें जदिंगी ने धोखा दे दयिा था; उनका क्या?

केवल पुनर्जन्म ही ऐसे लोगों के साथ न्याय हो सकता है। अगर वे जीवन का वरण करते हैं- वास्तवकि जीवन का, तो वे पुनः एक मनुष्य के रूप में उन सब चीजों का आनंद लेने के लिए इस संसार में लौट सकते हैं जनिसे वे पूर्वजन्म में वंचति रह गए थे।

"स्वर्ग बनाम पुनर्जन्म"
द्वारा धर्मा

सदाचरण और नैतकिता मायने रखती है

ऐसे लोगों की संख्या बहुत है जो धन-दौलत और सरल जीवन पाने की खातरि अपनी आत्मा और शरीर तक बेच देंगे। आपको उनमें नहीं शामलि होना है? आपके माता-पिता भी आपको नाकारा होकर व्यर्थ बैठे नहीं रहने देंगे। आप एक वयस्क हैं। वे आपको लेकर थोड़े सहनशील अवश्य हो सकते हैं लेकनि एक समय पर आपको इस संसार सागर में धकेल ही देंगे। एक वयस्क के रूप में आपसे कुछ काम करने और अपने पैरों पर खड़े होने की अपेक्षा की जाती है- क्योंकि अब आप बच्चे नहीं रहे।

परंतु दुनयिा में ऐसे बहुत सारे लोग हैं जो हमेशा दुधारू गाय की खोज में रहते हैं जसि अपनी इच्छानुसार दुह सकें। कुछ महलिा-पुरुष अपना शरीर बेच देते हैं; कुछ लोग चमचागरिी में लग जाते हैं तो कुछ लोग इन अमीर और शक्तशिाली के वफादार सेवक बन जाते हैं। ऐसे लोगों का जीवन तो अच्छा कट जाता है लेकनि इसके लिए इन्होंने अपना आत्म-सम्मान, अपनी गरमिा, अपनी आत्मा तक बेच दी है।

स्वर्ग ऐसे ही स्वार्थी, आत्मलीन और मात्र अपनी खुशी चाहने वाले लोगों के लिए ही है। भगवान को स्वर्ग में आपकी जरूरत नहीं है। भगवान आपको बनिा कुछ कएि-धरे हमेशा के लिए स्वर्ग में बैठे नहीं रहने देगा। यह सोचना भी शर्मनाक है कि ऐसा जीवन संभव है। अतः आपको वही करना चाहएि जो सदाचरण और नैतकिता के आधार पर सही है।

"स्वर्ग बनाम पुनर्जन्म" द्वारा धर्मा

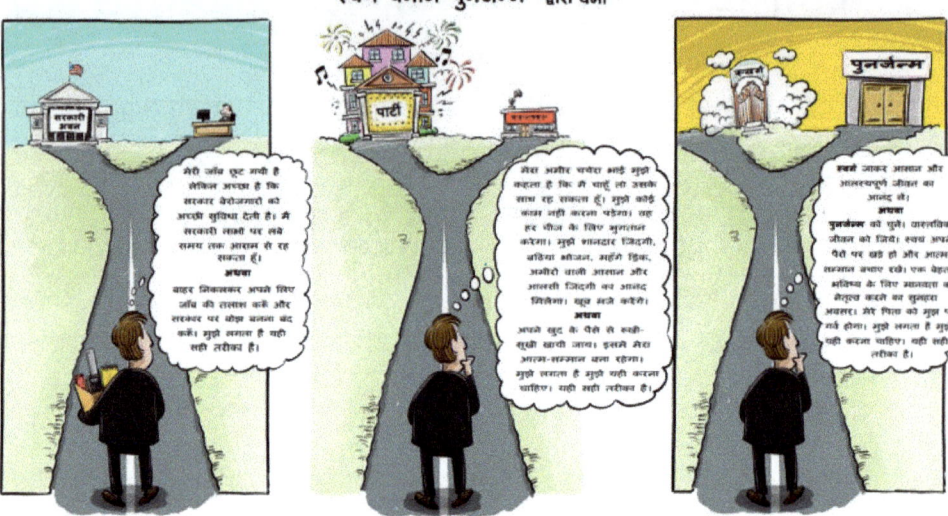

अपने कृत्य की ज़िम्मेदारी लेना

प्रत्येक हिन्दू इस नियम, इस शिक्षा को जानता है- तुमने यह गंदगी की है तो इसे साफ करने की ज़िम्मेदारी भी तुम्हारी ही है। तुम्हारे कार्यों से निर्दोष लोगों को क्षति हुई है तो उसकी भरपाई की ज़िम्मेदारी भी तुम्हारी है। लेकिन यह सत्य जानने के लिए आपका हिन्दू होना जरूरी नहीं है। ये वह नैतिकता है जो आप अपने बच्चों को सिखाते हैं।

यदि आपका बच्चा खेल हारने के गुस्से में अपने मित्र का खिलौना तोड़ देता है उसका आपके सामने दो-चार आँसू गिरा देना ही पर्याप्त नहीं है। जी हाँ ! वह अपने कृत्य के लिए वास्तव में दुखी है लेकिन पश्चात्ताप केवल पहला कदम है न कि आखिरी। उसे एक नया खिलौना खरीदना होगा और मित्र को हृदय से क्षमा-याचना के साथ प्रदान करना होगा। नए खिलौने की कीमत या तो बच्चे को मिलने वाले पैसों से आएगी या उसे इसके लिए अनिवार्य रूप से कुछ काम करना पड़ेगा। एक पिता होने के नाते यह आपका कर्तव्य है कि आप बच्चे को सही मूल्य और पाठ पढ़ायें।

वाकई मेरा दिमाग चकरा जाता है जब मैं यह सुनता हूँ कि पश्चात्ताप के कुछ आँसू बहा देना ही भगवान के लिए पर्याप्त है। भगवान खुशी-खुशी तुम्हें माफ कर देगा और आनंदपूर्वक स्वर्ग में जाने देगा। पीड़ित व्यक्ति/ व्यक्तियों से माफी माँगने की कोई जरूरत नहीं है, तुम्हारे द्वारा उनका जो नुकसान हुआ है उसकी भरपाई करने की कोई आवश्यकता नहीं है। थोड़े से आँसू बहाने में 2 मिनट भी नहीं लगे और आपका काम हो गया? कितना विचित्र है यह !

लेकिन क्या वाकई ऐसा है?

भगवान आपको मूल्य नहीं सिखा सकता- बुरे लोग बुरे काम करते रहेंगे और अच्छे लोग अच्छे काम करना जारी रखेंगे। सदाचारी लोग सदाचरण करते रहेंगे, अनैतिक लोग आसान रास्ते पकड़ते रहेंगे और धर्म ऐसे ही आसान रास्तों का वादा करते हैं। शर्म आती है ऐसे लोगों पर जो इस तरह के अनैतिक कृत्यों से भगवान को शर्मिंदा करते हैं।

"स्वर्ग बनाम पुनर्जन्म"
द्वारा धर्मा

धार्मकि मत-परविर्तन द्वतीय

चत्रि को ज़रा ध्यान से देखिए। क्या आपको नहीं लगता कि शब्द काफी कुछ मलिते-जुलते हैं? यह कतिना दुःखद है कि एक आधुनकि और स्वतंत्र वशि्व में भी हम आदमि युग के वचिारों का ही अनुसरण करते जा रहे हैं। प्राचीन समय में लोग राजाओं, तानाशाहों और बाहुबलयिों के आधपित्य में रहते थे और उनके सामने सरि झुकाए रखना ही बुद्धमिानी थी। उनके लिए अपने घुटनों पर झुकना, वफादारी की कसमें खाना और बदले में पुरस्कृत होने की इच्छा रखना यही उस समय का जीवन था।

ऐसे समय में उत्पन्न हुए धर्मों ने भगवान की छवि ऐसे ही एक शक्तशिाली मानव की बनायी। राजा के समान वह भगवान स्वर्ग के अंदर अपने संहिासन पर बैठता है। वह अपने स्वामभिक्त अनुयायियों को पुरस्कृत करता है और ऐसा न करने वालों को दंड देता है। उन दनिों कोई भी राजा अपने राज्य में कसिी गैर वफादार व्यक्त को बर्दाश्त नहीं कर सकता था। आज आप अपने आधुनकि और मुक्त समाज में राष्ट्रपत और प्रधानमंत्री के खलिाफ नःिसंकोच बोल सकते हैं। इसके लिए कोई आपको देश के बाहर नहीं फेंक देगा।

लेकनि ऐसा लगता है कि आज के धर्म पुरातनकाल में ही अटके हुए हैं और दुःख की बात है कि उनके अनुयायी भी ऐसे ही प्रतीत होते हैं। लगता है कि अच्छा जीवन प्राप्त करने के लिए बस आपको 'सही' तानाशाह तक रेंगना है। उपयुक्त व्यक्त की चरण वंदना करो और आगे बढ़ जाओ। इनके कहने का मतलब है कि आस्तकि लोग, हन्दि, बौद्ध आदकि लोग गलत रास्ते पर चल रहें हैं और नश्चिति ही इन्हें कठोर दंड मलिेगा। यह बहुत ही खेदजनक है कि आधुनकि समाज में भी ऐसे धर्मों का बोलबाला बढ़ रहा है जो सामूहकि नंदिा और पुरस्कार के उपदेश दे रहे हैं। इस दुनयिा के सुशक्षिति और बुद्धमिान लोगों, मीडयिा और उनकी नैतकिता के बारे में क्या कहा जाय !

"स्वर्ग बनाम पुनर्जन्म" द्वारा धर्मा

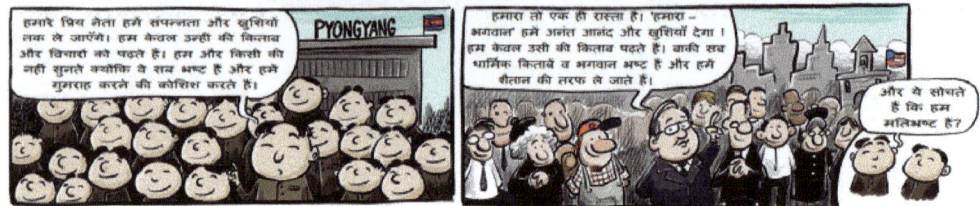

हमारी नैतकिता लचीली है

चत्रि को ध्यानपूर्वक देखिए। मैं हैरान हो जाता है कि ये जो पहले तीन हैं इनकी तो नदिा की जाती है जबकि चौथे को फ्री पास मलिता है। वास्तव में यह बहुतायत में प्रचलति है। अनेकानेक पत्र-पत्रकिाएँ, आलेख और सम्पादकीय लेखों में हर प्रकार के वभिाजनकारी और घृणा फैलाने वाले कृत्यों की खूब भर्त्सना की जाती है। हर तरह के भेदभाव चाहे वह प्रजात िके आधार पर हो, लगिं के आधार पर हो, उम्र उम्र के आधार पर हो अथवा जातविाद हो, हर तरह से उसके खलिाफ बोला और लखिा जाता है। परंतु प्रभावशाली धर्मों के द्वारा सक्रयि रूप से प्रचारति कएि जा रहे धार्मकि रंगभेद के खलिाफ लखिने वाले पत्रों, लेखों और समपादकीय की संख्या शून्य है।

बीते वर्षों में कसिी ने भी यह प्रश्न नहीं उठाया कि धार्मकि जुड़ाव के आधार पर भगवान भला कैसे लोगों को बाँट सकता है। क्या भगवान एक मनुष्य के रूप में हम लोगों की परवाह नहीं करता? हमने जीवन में जो कुछ कयिा है क्या उसका कोई महत्व नहीं? क्या सर्फि यही मैने रखता है कि हम उस 'सही' धर्म से जुड़कर उसका समर्थन करते हैं कि नहीं और हमने यह कैसे जान लयिा कि कौन सा धर्म 'सही' है? प्रायः सभी धर्मों के हाथ बेगुनाहों के खून से सने हैं। क्या यही धर्म भगवान की ओर से बोलने का दावा करते हैं?

इस तरह की क्रूरता उनकी धमकयिों में है कि लगता है 'उनका' भगवान कसिी हटिलर से कम नहीं है। हटिलर ने केवल जेवशि लोगों को ही अपने धर्म के उपयुक्त समझा। उसने मानव जात िका खयाल नहीं कयिा। एक वृद्ध व्यक्त िजसिने जर्मनी की बेहतरी के लएि अनथक रूप से कार्य कयिा उसे उसके छोटे से मासूम पौत्र के साथ बर्बरतापूर्वक मार दयिा गया।

करोड़ो-अरबों हदुिओं, बौद्धों और आस्तकितावादयिों का भी यही भवष्यि होने वाला है। हमारी नयित िमें भी नर्क के अंदर जलना नयित है। मेरे लएि यह तय कर पाना कठनि है कि यह सब इन धर्मों में व्याप्त बुराइयों के कारण हो रहा है या पढ़े-लखिे और नैतकि लोगों की चुप्पी के कारण।

स्वर्ग बनाम पुनर्जन्म
द्वारा धर्म

क्या जानवर स्वर्ग जाते है?

एक पशु-प्रेमी होने के नाते मुझे हम लोगों के अहंकार पर हँसी आती है। कुछ धार्मकि लोग कहते हैं क पिशुओं में आत्मा का अभाव होता है; वे कभी स्वर्ग नहीं जाते। तो पशु स्वर्ग नहीं जाते तो क्या हम लोग जाएँगे? क्या हम लोगों का आत्मतत्व जीवति है? हम लोग, जो इसी धरती पर रहते हुए इस पर नविास करने वाले अन्य जीवों पर इतनी क्रूरता कर रहे हैं; क्या इसलएि हम स्वर्ग के सुंदर-सुखद जीवन के काबलि हो गए और हमारे द्वारा सताये गए पशु-पक्षी पश्चात् जीवन में भी कष्ट भोगते रहेंगे?

यह दर्शाता है क स्विर्ग की अवधारणा कतिनी झूठी और अतार्ककि है। यह केवल एक कपोल कल्पना है जो हमें खुशी देती है। यह गुफाओं में जीवन यापन करने वाले मानव के समय में तब शुरू हुआ जब छोटे बच्चे ने अपने पिता से पूछा- "पताजी दादी क्यों नहीं उठ रहीं? वह मेरी बात का जवाब क्यों नहीं दे रहीं?" तब पिता ने कहा होगा- "बेटा दादी अब इस गुफा के जीवन से नकिलकर बहुत अच्छी और शानदार जगह पर चली गई हैं।

धर्म इस तथ्य को वहाँ से लेकर प्रयोग कर रहे हैं। यह कतिना दुःखद है क हिम, हमारे द्वारा दएि जाने वाले कष्टों और परेशानयिों से अनजान रहते हैं और इसके बावजूद यह सोचते हैं क हिमें एक ऐसा जीवन उपहार में मलिगा जहाँ कोई कष्ट और परेशानी नहीं होगी और जहाँ हम अपने परजिन और मत्रिों के साथ एक आनंदपूर्ण जीवन बतिा सकेंगे।

कनि्तु ऐसे सपने अगर सच होंगे तो कसि तरह से- क हिम एक पौधे पेड़ या कसिी कीड़े-मकोड़े जैसे खटमल आद कि रूप में पुनः जन्म लेंगे जसिमें न तो हमें मस्तष्कि का प्रयोग करना होगा और न हम कष्टों और परेशानयिों को ही जानेंगे। चूँक हिमें 'समय' नामक सम्प्रत्यय का ही पता नहीं होगा इसलएि हम हमेशा के लएि जीवति रह सकेंगे।

"स्वर्ग बनाम पुनर्जन्म" द्वारा धर्मा
पुस्तक विक्रेताओं से ऑनलाइन मँगवाएँ

स्वर्ग		पुनर्जन्म	
गर्भावस्था, बचपन, अतीत, कायर, पलायन, स्वार्थी, सेवानिवृत्त, होना, कमज़ोर, बेशर्म	लेने वाला, रक्षित, पशु, माँगना, मुफ्त की खाना, मूर्ख, नीच, बेपरवाह, मौज-मस्ती, कल्पना!	जीवन, प्रौढ़ता, भविष्य, योद्धा, संघर्ष, परवाह, कर्म, जीना, मजबूत, आत्म-सम्मान.	प्रदाता, रक्षक, मानवीय, कमाना, खिलाना, बौद्धिक, उच्च, देखभाल, कष्ट और परेशानी, वास्तविक जीवन!

भगवान के सामने घुटनों पर न बैठो

पछिली बार आप कसिके सामने घुटनों पर बैठे थे? क्या कोई अब भी इस तरह झुकता है? लेकनि पुरातन काल में यह अक्सर होता था। है कि नहीं? हमें पुराने समय के ऐसे चत्रि आज भी देखने को मलि जाते हैं जहां प्रजा अपने मालकि अर्थात् राजा के सामने घुटनों पर हो। उस समय प्रजाजन से ऐसा करने की अपेक्षा भी की जाती थी। उन्हें अपनी स्वामभिक्ति दखिानी होती थी और यह प्रदर्शति करना होता था कि वे एक अच्छे दास हैं। सेवकों को अपने मालकि की आज्ञा का पालन आँख मूंदकर करने के लिए सदैव तैयार रहना होता था। आप तय करें- आप ईश्वर की संतान हैं या नौकर!

आज के चार प्रमुख धर्मों को दो श्रेणयिों में वभिाजति कयिा जा सकता है। एक श्रेणी है ईसाई और इस्लाम की जो भगवान को मालकि/शासक की तरह देखते हैं। इसलिए अधकिांश लोग नीचे अपने घुटनों के बल बैठते हैं और अपने 'मालकि' के सामने झुकते हैं। उनके लिए "ईश्वर एक है" का अभप्रिाय यह है कि एक नौकर केवल एक ही मालकि की सेवा कर सकता है। दूसरी श्रेणी है हन्दिू और बौद्ध की जो भगवान को माता-पति, पालक अथवा शक्षिक की तरह देखते हैं। जीवन में कई शक्षिक, कई पालनहार हो सकते हैं। (जहाँ से यह सूत्र नकिला है कि "एक बच्चे के पालन-पोषण में पूरा गाँव योग देता है"।) अधकिांशतः हन्दिू मंदरि में खड़े रहते हैं या बैठते हैं, बहुत ही कम होंगे जो घुटनों पर झुकते हैं।

आप ईश्वर को कसि तरह देखते हैं इसी से आपके कर्त्तव्य और जम्मिेदारयिाँ तय होती हैं। एक नौकर के रूप में आप आँख मूँदकर आज्ञा का पालन करते हैं कन्तिु ईश्वर की संतान के रूप में आपके अधकिार और कर्त्तव्य अलग होते हैं। आप एक ऐसे अमीर आदमी की कल्पना कीजिए जसिके बच्चे बड़े हो गए हैं और उसके व्यवसाय में हाथ बँटाते हैं। उस अमीर आदमी ने नौकर-चाकर भी लगा रखे हैं। एक दनि एक आपदा का प्रकोप होता है। उस प्राकृतकि आपदा में उस व्यक्ति का सब कुछ नष्ट हो जाता है। वह बीमार आदमी जो कभी बहुत अमीर हुआ करता आज पूरी तरह से टूट चुका है और अस्पताल के बस्तिर पर पड़ा हुआ है। अब नौकर-चाकर कहाँ हैं? वास्तव में नौकर-चाकर तभी तक आपके इर्द-गर्दि होते हैं जब तक आपका समय अच्छा हो। लेकनि यह उसके बेटे-बेटयिाँ हैं जो उस रोगग्रस्त और बूढ़े हो चुके आदमी का हाथ पकड़कर उसे सांत्वना देते हैं कि सब ठीक हो जाएगा। उसे देखभाल के लिए आश्वस्त करते हैं। वे अस्पताल का बलि चुकाते हैं और अपने पति

का ध्यान रखते हैं। ईश्वर की संतान के ये अधकिार और जम्मेदारयिाँ हैं। वे अच्छे-बुरे हर समय में साथ खड़े होते हैं न क किेवल उस समय जब सब कुछ अच्छा चल रहा हो।

हमारी जगह यहाँ, इसी धरती पर है; वास्तवकि संसार में। कृपया अपने आपको नौकरों-चाकरों की तरह गरिाकर भगवान को शर्मिंदा न करें।

"स्वर्ग बनाम पुनर्जन्म" द्वारा धर्मा

पुस्तक विक्रेताओं से ऑनलाइन मँगवाएँ

सुंदर जीवन आसान तरीके से प्राप्त करना

जीवन लंबे समय से इतना कठनि रहा है क मिनुष्यों के लिए यह स्वाभावकि है कि वे अपने जीवन में आनंद और प्रसन्नता की कामना करें। आज हममें से वे भाग्यशाली लोग जो पहली दुनयिा में रहते हैं, आसान और अच्छे जीवन का आनंद लेते हैं कनि्तु अधकितर मनुष्यों का जीवन प्रतदिनि एक संघर्ष है। पुरातन काल में जीवन आज से बहुत ज़्यादा बुरा था। ज़्यादातर लोग जीवन यापन के लिए कृषि पर नर्भिर थे जो क आिज भी दुनयिा के सबसे कठनि कार्यों में गनिा जाता है। थोड़े से नयिम-कानून और साधारण सी दवाइयाँ होती थीं, जसिका मतलब है अपने प्रयिजन को अपनी आँखों के सामने मरते देखना।

जीवन एकाकी, असहाय, गंदा, अमानवीय और छोटा था। स्वाभावकि रूप से लोग ऐसे ईश्वर को मानते थे जो उनको अपनी शरण में लेगा और आसान व अंतहीन अच्छा जीवन देगा। ज़्यादातर कार्य आदमि थे और उनके लिए मज़बूत मांसपेशयिों की आवश्यकता होती थी। अधकितर कार्य अच्छे संपर्क के आधार पर दएि जाते थे। जीवन उनके लिए आसान था जो धनी और शक्तशिाली लोगों के नकिट होते थे। इसके लिए उन्हें इन शक्तसिंपन्न लोगों के सामने घुटने टेकने पड़ते थे और इनाम की उम्मीद में वफादारी की कसमें खानी पड़ती थीं।

जब यही जीवन था। तब से बहुत कुछ बदल चुका है कनि्तु यह दुःखद है क धिर्म अभी भी आदमि युग में अटके हुए हैं। आज, पश्चमिी देशों में जॉब, प्रमोशन या टेंडर पाने के कुछ नश्चिति कौशल की आवश्यकता होती है; अच्छा जीवन कमाया जाता है न क पिाया जाता है लेकनि साम्यवादयिों और तानाशाहों द्वारा शासति देशों में इनके आदमि तरीके अभी भी चल रहे हैं। यहाँ जॉब, प्रमोशन, टेंडर आद उिन्हीं को दएि जाते हैं जो इनके परचिति होते हैं, योग्यता के आधार पर नहीं।

जो सबसे दुःख की बात है वो यह क दिुनयिा के बहुप्रचलति धर्मों को इन बुरे रास्तों को अपनाते हुए देखना।

स्वर्ग बनाम पुनर्जन्म

द्वारा धर्मा

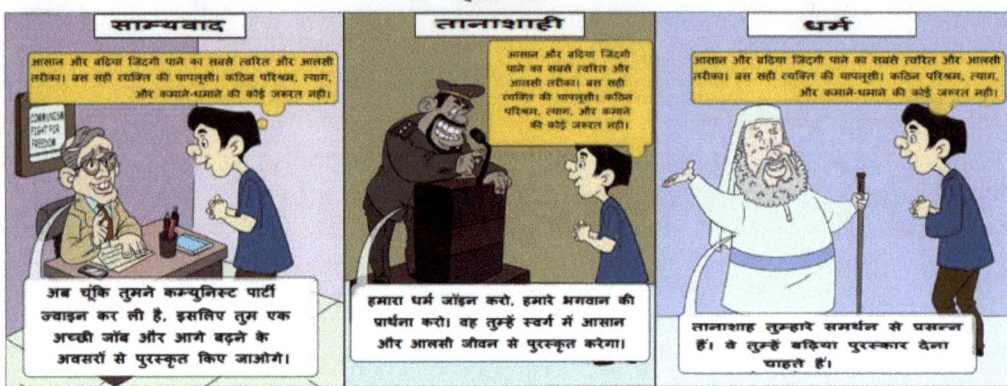

आप जसिका मूल्य चुकाते हैं वही पाते हैं

एक तर्क जो मैं अक्सर अपनी पुस्तक में देता हूँ वह यह है कि आप ईश्वर को मूर्ख नहीं बना सकते। आपको बनिा मूल्य चुकाए कुछ नहीं मलिता। 'मुफ्त' का इश्तहार देखकर मुफ्त सोना पाने की आशा करना मूर्खता है। ईश्वर ने जीवन के माध्यम से हमें सखिाया है कि बनिा संघर्ष के, बनिा कई बार गरि जीवन में कुछ अच्छा नहीं मलिता। गरिकर भी व्यक्ति को ऊपर उठने का प्रयास अवश्य करना चाहिए। मैदान छोड़ देने वाले पुरस्कृत नहीं होते। बनिा कष्ट उठाए कुछ नहीं मलिता; यह अपने आप में बलिकुल स्पष्ट है।

लेकनि धर्म हमसे जो वादा करते हैं वह इसके ठीक वपिरीत है– छोड़ो, जीवन छोड़ो; ईश्वर स्वर्ग में सरल और अच्छे जीवन से पुरस्कृत करेगा। जैसा कि चित्र में आप देख सकते हैं– वे सब आश्चर्य में हैं। नीत्शे, एक पाश्चात्य दार्शनकि जन्होंने हन्दिू ग्रंथ पढ़े और नष्किर्ष नकिाला कि हमें नरिंतर आगे बढ़ते रहने के वकिल्प का ही चयन करना चाहिए, कभी भी भूतकाल में नहीं रुक जाना चाहिए। जीवन हाड़-मांस के साधारण आनंद (तीन 'स'– सुरक्षा, संभोग और संपोषण) से कहीं अधकि है। यह तो पशु पाते हैं। जो स्वर्ग के पीछे भागेंगे उन्हें अंततः अपने चयन पर पश्चात्ताप होगा।

"स्वर्ग बनाम पुनर्जन्म" द्वारा धर्मा
पुस्तक विक्रेताओं से ऑनलाइन मँगवाएँ

स्वर्ग		पुनर्जन्म	
गर्भावस्था, बचपन, अतीत, कायर, पलायन, स्वार्थी, सेवानिवृत्त होना, कमजोर, बेशर्म	लेने वाला, रक्षित, पशु, **माँगना**, मुफ्त की खाना, मूर्ख, नीच, बेपरवाह, मौज-मस्ती, कल्पना !	जीवन, प्रौढ़ता, भविष्य, योद्धा, संघर्ष, परवाह, कर्म, जीना, मजबूत, आत्म-सम्मान,	प्रदाता, रक्षक, मानवीय, **कमाना**, खिलाना, बौद्धिक, उच्च, देखभाल, कष्ट और परेशानी, वास्तविक जीवन !

स्वर्ग और मोक्ष में अंतर, दैहिक और आत्मिक आनंद में अंतर

क्या आप परवाह करते हैं ?

हम सभी ने धार्मिक लोगों को यह बात करते हुए सुना है कि कैसे स्वर्ग में अपने प्रियजन के साथ रहेंगे और वह जीवन आनंद और प्रसन्नता से परिपूर्ण होगा। क्या कभी उनसे सुना है जिन प्रियजन को हम पीछे छोड़ देंगे उनका क्या होगा? क्या होगा यदि आपकी कमायी से ही परिवार का भरण-पोषण होता हो? आपके बिना आपका परिवार आगे कैसे चलेगा? क्या स्वर्ग में आपको इसकी कोई परवाह नहीं होगी?

कई बार बच्चे खो जाते है, कई अपहृत हो जाते हैं तो क्या उनके माता-पिता अथवा दादा-दादी स्वर्ग में बैठकर आनंद मना रहे होते है? एक बच्चा जो जंगल में खो गया है, भूखा-थका है और अपनी माँ के लिए रोते-रोते सो गया है; शायद आखिरी बार। अनजान लोग उसको खोजने में मदद कर रहे हैं (यह आप भी हो सकते हैं, यदि आप पुनर्जन्म चुनते हैं) और बच्चे के अपने प्रियजन स्वर्ग में मौज-मस्ती कर रहे हैं?

बहुत सी बुरी चीजें इस दुनिया में घटित होती हैं- आतंकवाद, बीमारी, हिंसा, भेदभाव और बीमारियाँ-हादसों की सूची अंतहीन है। क्या स्वर्ग में होने का मतलब है कि कोई परवाह करना छोड़ देगा? क्या ऐसा ही नहीं प्रतीत होता?

आइए, इसको सीधे समझते हैं। यदि स्वर्ग है और यह अद्भुत और आनंददायक स्थान है; आपके जाने से पहले यह ऐसा है तो आपके जाने के बाद भी यह वैसा ही रहेगा और निश्चित रूप से यदि आप इसे छोड़ देंगे तब भी यह अद्भुत और आनंददायक स्थान रहेगा। न कोई आपको याद करेगा न कोई आपकी परवाह करेगा।

लेकिन इस धरती पर आपकी आवश्यकता है। ये वह जगह है लोग आपको याद करेंगे, ध्यान रखेंगे। मैं हमेशा कहता हूँ भगवान यहीं हमारे पास है, प्रेमपूर्ण और परवाह करने वाले अपनों के रूप में।

"स्वर्ग बनाम पुनर्जन्म" द्वारा धर्मा

पुस्तक विक्रेताओं से ऑनलाइन मँगवाएँ

स्वर्ग

गर्भावस्था, बचपन,
अतीत, कायर,
पलायन, स्वार्थी, सेवानिवृत्त,
होना, कमजोर, बेशर्म

लेने वाला, रक्षित, पशु,
माँगना, मुफ्त की खाना,
मूर्ख, नीच, बेपरवाह, मौज-
मस्ती, कल्पना !

पुनर्जन्म

जीवन, प्रौढ़ता,
भविष्य, योद्धा,
संघर्ष, परवाह, कर्म,
जीना, मजबूत, आत्म-सम्मान ,

प्रदाता, रक्षक, मानवीय,
कमाना, खिलाना, बौद्धिक,
उच्च, देखभाल, कष्ट और
परेशानी, वास्तविक जीवन !

बहुत से प्रश्न, कोई उत्तर नहीं, लेकिन प्रश्न हैं कहाँ?

मैंने तार्किक मस्तिष्क के साथ यह यात्रा शुरू की। स्वयं को बहुत कठोर उत्तर देते हुए- सर्वप्रथम ईश्वर, स्वर्ग-नर्क, अथवा पुनर्जन्म का कोई साक्ष्य नहीं है। सभी विचार पृथ्वी से तथा पृथ्वी से जुड़े उन लोगों द्वारा उद्भूत हैं जो ईश्वरीय स्तर तक उठ चुके थे। अब्राहमिक ईश्वर कोई और नहीं बल्कि भीड़ से अलग एक स्थानीय राजा/ तानाशाह/ शक्तिशाली व्यक्ति है। बिल्कुल एक तानाशाह की तरह जो अपने वफादार समर्थकों को पुरस्कृत करता है और संदेह करने वालों को मरवा देता है या देश-निकाला दे देता है। ऐसा ही तो उनके द्वारा वर्णित ईश्वर करता है। स्वर्ग केवल उसके वफादार और विश्वासपात्रों के लिए है और हममें से बचे हुए लोग अनंत यातना के दोषी होते हैं। और अब भी, इस आधुनिक काल में बहुत कम लोग धर्म के पार देखते प्रतीत होते हैं।

यहाँ मैं कुछ और प्रश्न पूछता हूँ और धार्मिक लोग सभी संदेह करने वालों का मुँह बंद करने के लिए वही युक्ति अपनाते हैं, वही अफीम, वही ठंडी दवाई- और आश्चर्यजनक रूप से यह सदियों से काम करता आया है। दुःखद यह है कि सर्वश्रेष्ठ मस्तिष्क वाले भी इस आसान युक्ति के शिकार होते प्रतीत होते हैं।

"स्वर्ग बनाम पुनर्जन्म" द्वारा धर्म
पुस्तक विक्रेताओं से ऑनलाइन मंगवाएँ

स्वर्ग	पुनर्जन्म
गर्भावस्था, बचपन, अतीत, कायर, भगोड़ा, स्वार्थी, सेवानिवृत, वृद्ध, कमजोर, बेशर्म, लेने वाला, सुरक्षित, पशु, माँगना, मुफ्त की खाना, मूर्ख, नीच, मौज-मस्ती, कल्पना	जीवन, प्रौढ़ता, भविष्य, योद्धा, संघर्ष, देखभाल, अभिलाषा, जीना, मजबूत, आत्म-सम्मान, रक्षक, मानवीय, कमाना, खिलाना, उच्चता, कष्ट और परेशानियाँ, वास्तविक जीवन

हमारी नैतकिता लचीली है

कोई भी लेखक या संपादक हटिलर को पूर्ण रूप से बुरा न कहने की गलती नहीं करेगा। आईएसआईएस को भी उचति रूप से अनषि्टकारी, दुष्ट और अनैतकि कहा गया है। उनका अपराध क्या था? यह कि वे लोगों को व्यक्तगित मानवीय सत्ता के रूप में नहीं देखते। हममें से प्रत्येक व्यक्त एिक दूसरे से अलग है। वे सामूहकि रूप से एक पूरे समूह के लोगों की मात्र उनकी धार्मकि संबद्धता के कारण नदिा करते हैं।

जर्मनी का एक नागरकि जसिने जर्मनी की बेहतरी के लएि पूरा जीवन लगा दयिा उसे वृद्धावस्था में अपने 10 वर्ष के मासूम पौत्र के साथ नर्दिय और क्रूर मृत्यु को गले लगाने के वविश कर दयिा गया।

आईएसआईएस गैर मुस्लमिों को लाइन में खड़ा करके वकिल्प दयिा करता था- धर्मांतरण या मृत्यु। कुछ को तो यह वकिल्प भी न मलिा, गैर मुस्लमि होने के कारण उन्हें सीधे मृत्युदंड दे दयिा गया। पुराने दनिों में बहुत से लोग धर्म के नाम पर मार दएि गए; इस्लाम तलवार के बल पर फैला है। मैक्सकिन जो स्पेनयिों द्वारा जीते गए थे- उनको यही वकिल्प दयिे गए थे, हमारे स्वामी के नए धर्म में धर्मांतरण या मृत्यु। पुराने दनिों में ईसाई ही आईएसआईएस थे।

यद्यप िउपर्युक्त दोनों की पर्याप्त रूप से नदिा की गई है तथाप िवे वचिार जनि्होंने इन्हें जन्म दयिा, वास्तव में प्रोत्साहति हुए हैं। वास्तव में धार्मकि वभिाजन और घृणा का उपदेश दयिा गया है जबक िमीडयिा, शक्षिति और नैतकि लोगों ने अलग रास्ते अपनाए।

"स्वर्ग बनाम पुनर्जन्म" द्वारा धर्मा

पुस्तक विक्रेताओं से ऑनलाइन मँगवाएँ

स्वर्ग

गर्भावस्था, बचपन, अतीत, कायर, पलायन, स्वार्थी, सेवानिवृत, होना, कमजोर, बेशर्म लेने वाला, रक्षित, पशु, मॉंगना, मुफ्त की खाना, मूर्ख, नीच, बेपरवाह, मौज-मस्ती, कल्पना !

पुनर्जन्म

जीवन, प्रौढ़ता, भविष्य, योद्धा, संघर्ष, परवाह, कर्म, जीना, मजबूत, आत्म-सम्मान, प्रदाता, रक्षक, मानवीय, कमाना, खिलाना, बौद्धिक, उच्च, देखभाल, कष्ट और परेशानी, वास्तविक जीवन !

जीवन का उद्देश्य और अर्थ

हम सभी इस प्रकरण पर कभी न कभी अवश्य चकित होते हैं। मुख्य धर्मों के अनुसार जीवन का उद्देश्य यह सुनिश्चित करना है कि हम 'सही' धर्म से जुड़ें, 'सही' ईश्वर की प्रार्थना करें ताकि वह खुश हो और हमें पुरस्कृत करे।

इस प्रकार मूल रूप से जीवन का उद्देश्य यह सुनिश्चित करना है कि सही व्यक्ति की चरण-वंदना की जाय (सही जूता चमकाया जाय)। यह बीते समय में कभी निश्चित ही उपयुक्त रहा होगा जब लोग राजाओं/ क्रूर तानाशाहों या शक्तिशाली लोगों के अधीन रहते थे, और जिसके लिए उन्हें अपनी स्वामिभक्ति और आज्ञाकारिता दिखाते थे। किन्तु वह अतीत की बात है। क्या हम अब भी वैसे ही रहते हैं?

"स्वर्ग बनाम पुनर्जन्म" द्वारा धर्मा

पुस्तक विक्रेताओं से ऑनलाइन मँगवाएँ

स्वर्ग	पुनर्जन्म
गर्भावस्था, बचपन, अतीत, कायर, भगोड़ा, स्वार्थी, सेवानिवृत्त, वृद्ध, कमजोर, बेशर्म, लेने वाला,सुरक्षित, पशु, माँगना, मुफ्त की खाना, मूर्ख, नीच, मौज-मस्ती, कल्पना	प्रेरणा, युवा, जीना, मजबूत, आत्म-सम्मान, प्रदाता, रक्षक, मानवीय, कमाना, खिलाना, बौद्धिक, उच्च, कष्ट व परेशानियाँ, वास्तविक जीवन!

भगवान स्वर्ग में सरल और सुंदर जीवन का मेरा टकिट है

हम बहुत से लोगों को देखते हैं जो अपनी आत्मा को बेचकर बुरे और शक्तशिाली लोगों का समर्थन करते हैं। ये उनके गुंडे बनते हैं और उनके कहने पर उनके दुश्मनों को मारते-पीटते हैं; नर्दिोष लोगों की हत्या करते हैं ताक वि इन शक्तशिाली लोगों के द्वारा पुरस्कृत हों। इनका सरल जीवन है।

दूसरे, धनी व्यक्तयिों को इस लालच में मति्र बनाते हैं क वि उनको महँगे रेस्तराँ, नाइट क्लब या वशि्रामावकाश पर ले जाएँगे- धनी व्यक्त कि खर्चे पर अच्छा जीवन जयिंगे। जब भी मैं स्वर्ग के बारे में वार्तालाप सुनता हूँ, यही शब्द सुनता हूँ- “यह ईश्वर हमें अच्छा जीवन देगा। हमें उसकी प्रार्थना करनी चाहएि जसिसे वह हमसे खुश हो और हमें पुरस्कृत करे। “

क्या आज 21वीं शताब्दी में भी ईश्वर के बारे में हमारे वचािर सतही और उथले नहीं हैं?

"स्वर्ग बनाम पुनर्जन्म"

द्वारा धर्मा

पुस्तक विक्रेताओं से ऑनलाइन मँगवाएँ

स्वर्ग	पुनर्जन्म
गर्भावस्था, बचपन, अतीत, कायर, भगोड़ा, स्वार्थी, सेवानिवृत्त, वृद्ध, कमजोर, बेशर्म, लेने वाला, सुरक्षित, पशु, माँगना, मुफ्त की खाना, मूर्ख, नीच, मौज-मस्ती, कल्पना	प्रेरणा, युवा, जीना, मजबूत, आत्म-सम्मान, प्रदाता, रक्षक, मानवीय, कमाना, खिलाना, बौद्धिक, उच्च, कष्ट व परेशानियाँ, वास्तविक जीवन !

भगवान आसान और बढ़िया जिंदगी का मेरा टिकट है

राजा और शकि्षक

चार मुख्य धर्मों को दो वर्गों में वर्गीकृत कयिा जा सकता है- राजा/मालकि की संकल्पना वाले धर्म और पति/शकि्षक के मत। राजा/मालकि की संकल्पना वाले धर्म, जो अपेक्षाकृत सरल हैं। राजा की प्रार्थना करो वह तुम्हें पुरस्कृत करेगा। लक्ष्य है- स्वर्ग में सरल, अच्छा जीवन, उसको पाने के लिए 'सही' ईश्वर की प्रार्थना करनी होगी। ठीक वैसे ही जैसे पुराने दनिों में शक्तशिाली और न्यायी राजाओं के अधीन होना अंतर पैदा करता था- तब जीवन अलग था और तब धर्म परलिक्षति होता था।

अगला है- पति/ शकि्षक के वश्विास कहीं ज़्यादा जटलि हैं- इसमें कोई पुरस्कार नहीं है। स्वयं जीवन, जीवन यात्रा ही पुरस्कार है। लक्ष्य है - नर्विाण, ज्ञान की प्राप्ती। बुद्ध बनने के कर्म वचिारणीय है न कि धर्म। यह वश्विास है- रक्षक बनने के लिए न कि रक्षति, योद्धा बनने के लिए न कि कायर, आकांक्षी बनने के लिए न कि सेवानवृित्त के लिए।

"स्वर्ग बनाम पुनर्जन्म" द्वारा धर्मा

पुस्तक विक्रेताओं से ऑनलाइन मँगवाएँ

स्वर्ग

गर्भावस्था, बचपन, अतीत, कायरता, पलायन, स्वार्थपरता, सेवानिवृत्ति, रहना, कमजोर, बेशर्म, सिर्फ लेने वाला, सुरक्षित, पशुता, याचना, खैरात, मूर्ख, नीचता, मौज-मस्ती, कपोल-कल्पना

राजा/मालिक की संकल्पना वाले धर्म

अपने घुटनों पर झुककर अपने राजा/मालिक की प्रार्थना करो और पुरस्कृत होओ। केवल वफादार ही पुरस्कृत होंगे। साम्यवादी धर्म, कर्म, नैतिकता और सिद्धांतों का कोई महत्त्व नहीं। 'मानना' ही इनका सूत्र है और स्वर्ग उसका पुरस्कार- एक ऐसी सेवानिवृत्ति का स्थान जहाँ मांसल सुखों की परिकल्पना की गई है।

पुनर्जन्म

जीवन, प्रौढ़ता, भविष्य, योद्धा, संघर्ष, देखभाल, अभिलाषा, जीना, मजबूत, आत्म-सम्मान, रक्षक, मानवीय, कमाना, खिलाना, उच्चता, कष्ट और परेशानियाँ, वास्तविक जीवन

पिता/शिक्षक की संकल्पना वाले मत

ईश्वर को गर्व की अनुभूति कराओ। इनका उद्देश्य है- ज्ञान की प्राप्ति अर्थात् बुद्ध होना, अगला आइंस्टीन, अगला मोजार्ट बनना। इनमें कर्मों की प्रधानता है। समावेशी व लोकतांत्रिक विश्वास। इसका सूत्र है कमाना और उसका पुरस्कार है- कर्म तथा मोक्ष- हृदय, मन और आत्मा का आनंद।

स्वर्ग वृद्ध और सेवानिवृत्त लोगों के लिए है जबकि पुनर्जन्म युवा और स्वप्नद्रष्टा के लिए

यह प्रश्न हमने पहले भी पूछा है – "स्वर्ग में व्यक्ति क्या करता है?" स्वर्ग सेवानिवृत्ति का एक सुंदर घर प्रतीत होता है- अपनी खोपड़ी से ऊबे हुए लाखों लोग एक-दूसरे को घूरते हुए विचरण कर रहे हैं। जी हाँ, ईश्वर की शानदार योजना.. वाकई?

जीवन; वास्तविक जीवन उनका इंतजार करता है जो पुनर्जन्म चुनते हैं। एक दिन इंसान इस आकाशगंगा को उपनिवेश बना लेगा, सितारों की सैर करेगा, 'स्टारवार्स' मूवी में दिखाया गया जीवन वास्तविकता होगा। जो पुनर्जन्म का चयन करेंगे, भविष्य की दुनिया का आनंद लेंगे। ऐसा संसार बनाएँगे। ईश्वर को गौरवान्वित करेंगे।

"स्वर्ग बनाम पुनर्जन्म" द्वारा धर्मा

पुस्तक विक्रेताओं से ऑनलाइन मँगवाएँ

स्वर्ग

गर्भावस्था, बचपन, अतीत, कायर, पलायन, स्वार्थी, सेवानिवृत्त, होना, कमजोर, बेशर्म

लेने वाला, रक्षित, पशु, माँगना, मुफ्त की खाना, मूर्ख, नीच, बेपरवाह, मौज-मस्ती, कल्पना !

पुनर्जन्म

जीवन, प्रौढता, भविष्य, योद्धा, संघर्ष, परवाह, कर्म, जीना, मजबूत, आत्म-सम्मान ,

प्रदाता, रक्षक, मानवीय, कमाना, खिलाना, बौद्धिक, उच्च, देखभाल, कष्ट और परेशानी, वास्तविक जीवन !

स्वर्ग गर्भ, बचपन और भूतकाल का रूपक है। यह बचपन के उन खूबसूरत दिनों में वापस लौटने की उत्कंठा है जो पूर्णरूपेण चिंताओं से रहित और जिम्मेदारियों से विमुक्त व्यतीत हुए थे। हमारे परिजन हमारी देखभाल करते थे, हमें सुरक्षा प्रदान करते थे और उनसे हमें भरपूर प्रेम और स्नेह मिलता था। वे हमें भोजन कराते थे, कपड़े पहनाते थे और उनके द्वारा हम जीवन के खतरों से सुरक्षित थे; वस्तुतः हम अपने स्वप्निल संसार में आनंदमग्न थे।

वहीं, पुनर्जन्म का अभिप्राय जीवन, वयस्कता और भविष्य से है। हम समय को पीछे नहीं ले जा सकते, हम भूतकाल में नहीं जी सकते। वास्तविक जीवन से भागना समाधान नहीं है। हमें 'घोंसले' से बाहर निकलना होगा और जीवन का सामना करना होगा। 'स्टारवार्स' मूवी में दिखाए गए भविष्य का जीवन एक दिन वास्तविकता होगी किंतु यह सब अपने आप ही नहीं हो जाएगा। इसके लिए हमें काम करना होगा, त्याग करने होंगे और सही चयन करने होंगे ताकि भविष्य के सपनों का संसार साकार हो सके। वे लोग जो आसमान में स्थित एक कपोल-कल्पित सेवानिवृत्ति का स्थान (स्वर्ग) चुनने की बजाय पुनर्जन्म अर्थात् वास्तविक जीवन को चुनेंगे, वही भविष्य की दुनिया का आनंद प्राप्त करेंगे।

लेखक धर्मा को आपके विचार जानकर प्रसन्नता होगी। आप HeavenVsReincarnation@yahoo.com पर उनसे संपर्क कर सकते हैं।

www.ingramcontent.com/pod-product-compliance
Lightning Source LLC
LaVergne TN
LVHW070059080426
835508LV00028B/3452
* 9 7 8 1 9 1 3 9 6 2 0 4 3 *